DANIEL GENOVEZ

A ILUSÃO DO MUNDO

Copyright© 2023 by Literare Books International
Todos os direitos desta edição são reservados à Literare Books International.

Presidente:
Mauricio Sita

Vice-presidente:
Alessandra Ksenhuck

Chief Product Officer:
Julyana Rosa

Diretora de projetos:
Gleide Santos

Chief Sales Officer:
Claudia Pires

Capa:
Gabriel Uchima

Diagramação:
Alexandre Alex Alves

Impressão:
Gráfica Paym

Dados Internacionais de Catalogação na Publicação (CIP)
(eDOC BRASIL, Belo Horizonte/MG)

G335i Genovez, Daniel.
A ilusão do mundo / Daniel Genovez. – 1.ed. São Paulo, SP: Literare Books International, 2023.
128 p. : 14 x 21 cm

Inclui bibliografia
ISBN 978-65-5922-639-9

1. Literatura brasileira – Poesia. I. Título.

CDD B869.1

Elaborado por Maurício Amormino Júnior – CRB6/2422

Literare Books International
Alameda dos Guatás, 102 – Saúde– São Paulo, SP.
CEP 04053-040
Fone: +55 (0**11) 2659-0968
site: www.literarebooks.com.br

e-mail: literare@literarebooks.com.br

SUMÁRIO

5	Prefácio
11	À luz de velas
13	Ao lumiar do entardecer
15	Fogueira de lua
17	De volta para casa
18	O teatro das horas
20	A ilusão do mundo
23	O silêncio da estrela
25	Lampejo de felicidade
27	A face do amor
29	Onde está o amor?
31	Canção inesperada
33	Estrela de Vitriol
34	Sombra
36	Ouro no oceano
38	A estrela do rio
39	Nada
41	Silvia
43	A cura
45	Jornal antigo
47	Queimadas
49	A Vênus do Adriático
51	Marina
53	Súbito, a brisa
54	Carnaval em Veneza
56	Perfume de violeta
57	Pergaminhos
59	Breve estio
61	De volta ao começo

62	Paisagem de outono
63	Meu mar, meu bom companheiro
66	Feliz aniversário! (Vida em construção)
67	Morro grande
69	Pedaço de nada
71	Céu de outono II
72	Diáfano
73	O rio
75	Apenas uma ilusão
77	Entre o trovão e o raio
79	Travessia
80	Êxtase
81	Kiev
84	Verso perdido
86	Magnólia
87	Fatacaz
88	Ilusão
90	Por uma pena
91	Brinda-te de poesia
93	Longa noite, noite adentro
95	Por entre os dedos
96	O livro da minha vida
98	Estou pronta
99	No colo da lua
101	O adeus de Cassandra
104	*Grand Monde*
106	Mundo em transe
108	Cinzas na paulista (Flor de cristal)
110	A imprecisão de Deus
111	Zoroastro da luz
118	Vamos cantar, meninos!
120	De menta e chocolate II
123	Crepúsculo
124	Ao sabor da vida
126	Notas sobre o autor

PREFÁCIO

Quando me perguntaram se eu ainda
escreveria um livro de poesia, tive dúvidas.
Este é meu oitavo livro;
quase 1.000 páginas escritas da minha vivência e sentimentalidades
diante de um mundo cada vez mais em crise;
em transformações rápidas, revolucionárias e angustiantes.
Então, comecei a fugir; a apagar qualquer
ideia mínima que me viesse madrugada adentro,
me atravessando o teto, as paredes, o travesseiro.
Porém, em qualquer lugar
que eu estivesse, a poesia continuou a bater à porta;
a me sobressaltar de chuva e de sol, em ondas de desafios.
Essa relação com o tempo, com as estações, com os lugares,
com o mundo que nos cerca e com as pessoas,
tornou-me sensível demais para se ignorar a poesia
em desavisos
ou sepultando-a dentro de mim.

E por onde eu passo, há um jardineiro
exultante, que se agachou diante das pequenas flores amarelas,
viçosas, alegres ao sol e, por um instante, como se as cumprimentassem,
sentiu toda a emoção de tê-las criado com tanto zelo e carinho.
Conversou com elas, frases que ninguém teria o dom de decifrá-las;

mas as plantas são sensíveis e souberam responder,
exalando perfume ao vento, partículas de pensamentos
bons que afluem ao ar.
Todo o jardim é um paraíso nas mãos de um bom
jardineiro
e há tempos se pode
compreender a ilusão do mundo.
Poderia se passar mil vezes por aquele lugar
e não tê-las notado, aquelas flores, de fato, belas
que enfeitavam o caminho, a varanda,
a janela. Assim o mundo!

Tantas vezes nos iludimos com coisas grandiosas
e a realidade está tão próxima ou até presente dentro
de nós.
O ar de enxofre e chumbo; a água barrenta,
nociva de contaminação dos lençóis freáticos; os alimentos
da terra
carregados de agrotóxicos, as carnes, o leite, o mar cada
vez mais vazio de peixes;
as geleiras se derretendo em lágrimas; o mal, todo o mal
que corrompe nossas almas, à espreita.
Por que não cuidarmos da terra como jardineiros que
somos
e transformarmos o mundo com um toque de afeição,
perícia e esperança?
Nenhum Tratado, Acordo, Pacto Mundial ou qualquer outro
poder mudará
a ordem física do caos em que a Terra será consumida
pelo sol,
este por um gigante buraco negro, obedecendo aos
desígnios
da Força Superior e Natural do Universo.

Entretanto, enquanto isso, seremos magos, mágicos,
alquimistas

e, sobretudo, dotados de altos poderes humanos,
com a grande missão do deus maior da poesia: cuidar do mundo.
Foi-nos dado a oportunidade de se crescer; corpo e alma em harmonia com as diferentes espécies e em equilíbrio com a natureza
para que tudo que nos cerca não seja simplesmente uma ilusão ou uma mentira.
Que seja, então, a nossa casa de janelas abertas para o sol de um dia nublado;
abertas para as estrelas que se avizinham com seus faróis na noite.

Daniel Genovez

Rio, 20 de Maio de 2023

A ILUSÃO DO MUNDO

À LUZ DE VELAS

A noite sonha partir
e dormir nas colinas do céu
onde se guarda do tempo;
serve-se da ilusão
de que tudo se basta por si.

Um anjo solitário arruma,
delicadamente, os velhos lençóis
envoltos do véu azul,
um ar suave de artifícios;
Toda noite é assim
e sem pressa, tu esperas
a roda que gira o curto ciclo,
raios que atravessam
a certeza ou a imensidão.

As cortinas velam a claridade,
mas já é tarde para voltar.
Ninguém sabe
ao certo onde se escondeu o sol.
Haverá um dia único
que não precisaremos de trevas
para enxergarmos a luz
ou o brilho de alguém, de tão próximo.

E se reparar bem,
nada se sabe da eternidade
de um raio,
a força de um amor
quando já não há mais chances
e vem assim,
disfarçado de realidade

enquanto um alaúde
toca à luz de velas, tênue vento
que confunde nosso olhar.
A pequena sombra na parede
já não nos separa,
e, tal esta noite que nos sorri,
se senta à mesa, distraída.

AO LUMIAR DO ENTARDECER

Se toda tarde é infinita
e no céu se agita
do ar rubro a tingir-se de cereja;
por mais que te retardes
ao dia lumiar do sol,
tens o sol nas nuvens que beija.

Há de existir
o ponteiro que se atrasa
e disfarça o tempo infalível;
por mais que se avance,
o tempo não se faz
a todo tempo que seja previsível...

E tarde, longas tardes
passo a te amar
a cada nuance da tua cor
sob esta pele azul
algo que só se diz ao vento sutil
em segredos de polichinelo;
esconde tua aura carmim-amarelo
sob um raio fino de marrom.

E te esmeras no espelho
do verde largo abrigo do mar
que te cobre de *vison*
o ouro a brilhar, tom sobre tom
deste arco-íris reflexo
que, sob o meu perplexo olhar
se faz lento escurecer.

Tardes e mais tardes
passo a te reviver;

e juntos, a cada dia indeciso
e a cada olhar impreciso
que só tarde é que se faz ver.

Se estás em todo o universo,
alma luz dos astros,
desfere teu lastro em mim.
Talvez seja ilusão
este sol meio embaçado,
indeciso, sob nuvens em vão
que vivem a mendigar
por este céu de chuva ameaçado,
alguma luz alheia
que, súbito, a lua em ti se arrasta.

Assim eis a tarde que passa
nesta gangorra aflita;
seus passos em borras de fumaça
cada momento se amontoa
eterno, na rara visão do esplendor.

Se, afinal, inclina-se o dia
e maldiz-se o criador à noite ferina
que esfria e abrevia o sol pálido,
a vida se curva do desejo.
Inútil ao firmamento, esbravejo:
Ó, noite rapina!
Ao dia mísero que tu invades
sob este céu tão frágil:
te arpeja, então, das luminosas estrelas
e não te apagues de mim esta tarde.

FOGUEIRA DE LUA

Ainda dormes o sono de ontem
sobre o teclado às escuras
qual um rio que se desprende
do mar de aventura.

É hora de derramar fogo,
o candeeiro sonolento,
e de recolher as fantasias
duma vida de esbórnia

Seguimos trilhas de formiga,
a áspera poeira,
num rajado de vento costeiro
que por pouco nos despia.

Em palavras, tu o sabes, coladas na tela árida
que a escuridão nos deixa frente a frente
não há mais tempo de viver outro dia
nossos sonhos indecisos.

Como esta cláusula de silêncio
parece que se infinda
em tocas de pedras;
assim se expira nosso crepúsculo,

mas a lua mantém no ar ressequido
um fogo aceso de ilusão,
nossos corpos de serenidade,
uma única certeza: vivos.

Meu distraído tropeço num móvel do quarto
e o teu afago no sorriso de água límpida

que acende a fogueira de lua
sob o abraço de um céu tranquilo;

Ilude a ilha de chegada deste náufrago
que conecta a alma num lago imerso de fios,
a teia armada sustenta o mundo
indolente, permeia a noite da imaculada lua.

Minha dor seria um pingo na chuva
e sofreria mais no estio
se algum desavisado me desligasse o portal.
Ainda leio no escuro da parede do quarto.

Teu rosto envolve de improviso o meu olhar;
estas lembranças recolhem espinhos
deste mundo que anda
sem freio num engarrafamento

Esvai-se o tempo de fraca luminosidade
desta lua, pela pequena fresta,
tu ainda dormes o sonho de ontem
como quem se abriga do sol.

DE VOLTA PARA CASA

Longe, muito além de tudo, tu lembras?
A rua sem nome de terra moldada,
breve referência: um pé de laranjeira.
Um vento que dobra a esquina,
a folha que assopra sobre a ribanceira
rua acima, ando apreensivo nela,
a uma casa que, talvez, não mais exista;
o cedo arrisca e tarde volta...
No céu havia teto de um estelar difuso,
algo sem fim, de luz e sombra...

O amor que a tudo move continua.
Se a aurora caísse nesta rua;
nos meus passos, descortinasse o atalho
ou que refletisse melhor a esperança?
Mas ninguém anda mais nesta estrada;
nada, nada acontece. E tu sabes,

há tempos a noite frustrada de sonhos
se recolhe do redemoinho que ecoa
e abalroa o candeeiro na varanda,
de luz e sombra, naquela velha casa,
lá longe, que tu ainda moras.

Escuta-me, cada passo que se aproxima
do ponto onde o mundo se inicia;
o elo que se desprende da ilusão e da cidade
calma por demais, engolida do azul,
respira sem nos notar.
O que demais me transborda, irrequieto
é o coração em pé, fora do peito
com o ranger do portão emperrado de chuva
e do suspirar do mato
acrescido de grilos, vagalumes e carrapichos.

O TEATRO DAS HORAS

Da parede da igreja milenar descambou
o relógio de sol, bem à minha frente.
Por pouco não sou morto pelas horas.
A vida nas mãos da hora, e posso, desta vez,
dizer que venci o tempo.
Eu não tenho outra vida nem outra morte;
cada dia é fruto do imediato.

Sigo a passos largos para o teatro;
uma peça de reestreia: cenário, fantasias,
luzes, direção, pessoas...
entre tantas coisas, sou o ator principal.
Minha mão trêmula deixou cair o texto,
um texto que ainda decoro, aquela frase
sem sentido.

Não tive tempo de ensaio para viver;
mas, vez ou outra, de improviso,
preciso parecer quem sou.
Equilibrar-me entre um ponteiro e outro,
sem esta necessidade de se justificar
"se... se..."
Se brilhasse uma estrela em Taurus;
se tocasse a música da minha vida;
se não tivesse abismo tão elevado
nas noites incendiárias.
Mas eu preciso dizer: "eu te amo"
e me soou tão falso que eu não consigo.
Dante no purgatório ignorou o inferno
e despediu-se de Deus, ó não! Não vou,
não posso errar mais este texto...

O céu balança e desaba aos erros;
este céu pintado às pressas de azul borrado a esmo,
caindo de nuvens de meio-tom, entre cobre e prata.
São outras pessoas na plateia. E da coxia,
no vão espiado da cortina, ouve-se
o burburinho, antes do último chamado.

Espera! A moça da primeira fila é sim! É ela!
Ela veio ontem e sentou-se só, no mesmo lugar.
Tem um olhar fervilhado de céu.

Nas mãos dela, um embrulho; um presente talvez,
pela minha atuação segura
ou uma bomba por eu ter errado a frase, aquela
que eu nunca soube de cor.
E agora estou realmente confuso:
aquela moça continua sentada ali, impassível,
esperando-me depois do fim.
Ouço os aplausos dela; das pessoas;
daqueles que amaram minha representação,
e, por fim, a esta altura, aceito o que vier.

A ILUSÃO DO MUNDO

Moço, quanto custa esta esperança
que me disseram que faria milagres?
Foi da minha infância
e até hoje desperto perguntando.

Deste arco-íris de ilusão do mundo,
alguém deveria mensurar de fato as cores;
a febre que incendiou a mata, a tribo,
o planeta; os oceanos bancários
de quem separou a Europa da África,
a Ásia das Américas, a Oceania da Antártida.
Esta fé do Mundo que me fez rezar de medo
ao estalar do raio que, de ponta a ponta, rasgou o céu.

"Saia da chuva, menino!", gritou minha mãe.
Caía do pirulito o azul que me tingia a boca
e bem o deliciava feliz, em duas mãos.
Tudo dobrado: mãos, pés, braços aparentes
que sustentavam meus dois mundos:
a porta da frente emperrada, e a outra,
a do céu encardido de rubras nuvens fartas
e distantes – longe demais –, luas, estrelas
ou palavras sem sons.
Já não se cabe nestas tolas súplicas.
Sem espaço de armazenamento,
a vida dobrada de tecnologia absurda
estreitou-me entre o desejo e a ilusão.

E te pergunto, moço. Cadê a saída?
Mas tu não existe neste texto,
no contexto, no pretérito e a qualquer tempo.
Passaste a ser uma pedra de aço
erigida em homenagem a Pilatos.

A madureza de tão cruel, deixa *"out"*,
disse-me um sábio.
O controle remoto não acende; não muda
o canal que vende e nem abaixa o volume.
Teria espatifado assim, súbito, quando acordei.
Há meia hora está congelada a imagem
de um filme antigo da Paramount
que me despistou a atenção.
Ignoro quanto tempo dormi de bruços
aos beijos de uma leoa parda que ressoa
na casa escura do meu peito.

A velha casa de portas abertas abriga
toda essa multidão de pessoas.
Enraíza no vaso o girassol
tolo, imponente e de óculos escuros,
mira o céu do meio-dia
enquanto crescem à ventania
as sementes de inverno...

Assim, na casa, todos reunidos.
Uns, em silêncio, beijam a hóstia, o seu crucifixo;
outros falam em grego ou mandarim,
uma incompreensível algazarra de guerra.
E há quem de ilusão nada recorda.

A criança birrenta; solta, finge-se ignorada
de tal inteligência remota que sabe destravar,
e lembrou-me de quando eu ia abraçando,
de pernas e pernas, pessoas desconhecidas
até a proteção dos meus pais.
Não há mais solidão que a da memória.
Percorri este vasto salão do tempo.

Eu estava lá no quadro pendurado de Van Gogh
que se estendeu

do moinho de vento ao campo de girassóis,
tal o voo de um pássaro fora da paisagem...
Ou a única ilusão que realmente existiu?

Há um caixão vazio sobre o mármore,
onde vela-se a nova invenção descartada
do desejo, das palavras vazias.
Ergue-se o espírito do filho do cio da máquina,
ressuscitado dos seus *zettabytes*, suas cinzas
ao infinito de pedra de cada um de nós.
E a Terra serve-se do amor que nos restou.
Uma voz grave de dentro do agasalho
retoma a palavra e recita versículos Isaías 23:
"*Ponha em ordem a tua casa*".

E num *flash*, o moço de voz grave e cavernosa,
confuso na contraordem de si próprio;
trazido, sei lá por quem, rapidamente desdiz:
"Não haverá mais retorno".

O SILÊNCIO DA ESTRELA

Ela atravessou a porta;
uma breve pausa,
e ouço seus passos definitivos...
agora menos e menos.
O som do silêncio retorna
mais alto, ríspido e veloz
que toda e qualquer percepção;
o que poderia ter sido
pela imensidão da perspectiva,
deixou-me a ver o vazio
do adeus.

E brilhou o inesperado;
os planos erram de portal,
mas jamais erram de destino,
e quando o tempo
erra seu próprio tempo,
os sonhos seguem
a luminosidade da manhã.
Tantas vezes imenso,
o céu se esquece da noite
quando invade outro dia.
Submisso,
no olhar se preenche
das nuvens enganosas da tarde.
Da escuridão, e por fim,
da plenitude das estrelas distantes.

O céu é por demais passivo
e a tudo permite,
mas os olhos pensam;
o cérebro consente:

algo acontecerá?
E nada move
meu corpo e nenhum músculo
na cama dura
que me respalda as costas.
Inerte, imerso na névoa,
apenas sinto o universo respirar;
a sua luz acende
em último fogo vital
que se distancia mais azul
do que era o azul.

Eternizado momento,
resvalado da onda espectral,
moldando minha vida
ao vento da noite.
Toca-me a ponta dos lábios
como se me pressionasse
a falar com ela.
Ela jamais vai me ouvir
(ou que ouça mais que outra);
ela não me verá
(ou que veja mais que penso);
e, nem tão pouco, pelo caminho,
me tirará do chão;
ela é apenas uma estrela;
suas pontas nos meus dedos
desenham outro universo.
Seu brilho, de tão distante luz,
apenas enfeita a noite;
mas, oportuna, no desvão da casa
aquece meu silêncio.

LAMPEJO DE FELICIDADE

Ela olha da janela, distraída,
como se vigiasse o decrépito do sol
e minha alma tolhida desse fogo,
a vida mais solitária, confessa em mim:
já não sou seu vento, seu ar de estio;
não existo no seu pensamento, seu momento só;
já não tenho seu fogo; nada!
Talvez essa brasa ardendo derradeira...

Metade de mim sofre, a outra pergunta
se houve amor, e o que me move não me deixa triste,
não me arrasta na noite de chuva,
mas que me faz amadurecer.
O dia desse tempo
que vivemos, e que seja bom tempo.

A uma luz nova, certas cores se desfazem
como a folha parada, amarelece
esperando a flor que cai, de tanto sol.
Certamente seremos outros
depois de tudo,
desse recluso lampejo de felicidade.

E seremos nós,
mais que o mundo cego vê,
porque seremos sinceros
no que está escrito em nós,
esculpido
no centro de gravidade
dos nossos corações,
onde mais nenhuma veia pulsa;
guarda-te oculta na cavidade,
na canção
que a brisa circunda ao silêncio.

Será eterna, a luz a te iluminar
quando a tarde desmaiar de tédio
sobre o constante chocalhar de ondas
que pelo mar se foi.
Não se esmera o barco que afundou,
mas eu tenho um sonho,
e nele restou do sol, essa fecunda sombra
que avança aos meus pés e me abraça.

A FACE DO AMOR

Reservou-me o destino
a ditosa face do amor.
Olhei tantas vezes no espelho
até me convencer
do que ele não mostra.
Fechei a porta, sutilmente,
ao breve chamado.

A chama perdida, um elo frágil,
como se, do alto do Himalaia,
se avistasse o Vesúvio
e o mar do Norte
tivesse o ar desse contorno;

Estio das fatigadas gaivotas
na quilha aportada de um barco,
nenhum sinal de terra firme;
o amor é abismo e solidão.
A eterna espera, ventania do olhar
ao trem de chegada na estação vazia.

Súbito *tsunami*, o bater arrítmico
da cava na abertura do átrio
de um coração calejado de breu, ávido
átimo pulsar do sangue
aos olhos, ao corpo, à alma
que toda anatomia se completa.

O Simulacro de retina,
olhos traiçoeiros de quem perscruta
a face de alguém.
Diz-se do encontro, a perda total

da solitária identidade; conjunção
dos despojos milagrosos de sonhos,
esse amor jovem ou velho,
antigo, único e universal.

Mas nunca se ignore;
quem ama deveria ser cuidadoso
porque, no sinuoso espelho,
a neblina curva da luz é como sombra
que acompanha ventos e marés.
E, de tão sutil, o amor não mostra a face.

ONDE ESTÁ O AMOR?

Se o destino me der mais um dia,
te amarei pela eternidade
tanto mais que deste amor concedido
pela noite que caminhei de sangue;
pelo olhar que extravaguei de lágrimas,
do jeito inábil de jovem apaixonado
ao fogo que me ungiu das cinzas.

Te amarei em desapego
à tua única brasa deste fio de céu nublado:
plúmbea tarde que agora cai desvalida.

Mesmo se mais nada do nada houver
no perfume do pensamento
deste retorno inumerável de mim,
não deixarei de tal momento morrer
sobre um buquê de rosas carmim,
em amassado bilhete:
eu mesmo estarei, então,
no ramalhete, no perfume, no tempo
para me aproximar de ti
e que nada nos separe do destino.

Quanto mar couber no meu peito
a transbordar o coração
que espera e arde batendo em sinos
a canção que ouviu da tua boca.
Ao estrondar do mar que se avizinha
e espanta de ressoar a louca fúria
o que agora, sutil, de mim se aproxima
em pequenos passos
que percutem o inesperado:
dois pombos em ternura.

Onde estás? Tarde! Amanhã tu voltas?
se além do céu vazio de construções,
nos costões do mar só flutuam meu olhar,
alguns corais e uma chuva de gaivotas.

CANÇÃO INESPERADA

Passa um rio nas minhas veias;
do alto da ponte, o céu
receia onde vão essas águas.
Aonde vão? E de onde vem a alva fonte
que transforma essas pedras
e mudam os seus destinos?

Passa um rio
que a folha leva sob um feixe de sol.
Passa, passa adiante
a canção borbulhante de água doce e sal
da entrega de si
que essas águas levam ao mar
e à tua concha
que guarda meu silêncio;
meu coração templado, escuro, incerto
era um porto, um desvio
e agora segue neste misterioso rio.

Vindo solitário
dos estalos das estalactites,
do arrimo das pedras;
a gota que salta, acima se enreda
em outras de solar companhia;
vive-se os turbilhões da austera via,
sua larga margem que avança.

Canta o riso que ficou na margem
ao vento de passagem, dura travessia
como um fio a se desenrolar
que nos leva ao centro do mundo, o rio
que enlanguesce das verdades que se crê;

a vida neste instante calmo
que o tempo recolhe seus cascos
na mata fria: verde ou aflito, inesperado.
Há um mar azul que me espera
ou é tudo margem de um penhasco?

ESTRELA DE VITRIOL

Sem mais degraus ou elevação
no topo, o ideal é manter-se;
corpo, alma, cor, estilo, moderação
da máquina de cílios à mercê
que as águias têm olhar aguçado.

Elas medem tua cintura, o jeans ajustado
voam ao teu lado em luxúria
enquanto brilhas no topo; a estrela maior
no improvável céu pesado,
e flutuas tua vida acima deste *outdoor*.

A lua descaída te aplaude na calçada,
no quintal do mundo e eu, discreto, passo
sob o edifício alto de nuvens frágeis
que escancara todas as luzes de esmeralda,
pois o *glamour* e o vento são ágeis...

E de poeira queda-se o meteoro.
Um pouco mais de atenção e terias visto
o resto de vela, o escavado coração
daquela Estrela de Vitriol,
tua pedra interior, tão leve cisco no olhar
que embaçou nossa casa e o sol.

SOMBRA

Por que o meu corpo opaco
precisa do seu brilho,
se só me dá a carência
de uma sombra?

Eu sou assim, imperfeito.
Esta casa imóvel
que a cumeeira balda
de chuvas e tempestades.

Mas converso com o vento,
pedindo-lhe atenção
ao aleijão da lua manca
que a noite arrasta.

Esta casa sem paredes
ou esteio de pau e pedra, mangue
que se tinge de flores,
fortuitas criaturas me rodeiam.

Sim! Eu falo com as manhãs.
Com um Deus mudo
e peço-lhe o fiel perdão por Tróia,
seus cavalos de tormentas.

Cavalos de guerra e de estrumes:
ceifam o trigo, o sal, o ar
e o sol em fuga na porteira aberta;
triscam seus cascos sibilantes.

Não, não temo mais a obscuridade,
o pior dos bichos:

eu recolho minhas flores de relva
da sombra de uma jaqueira.

São meus companheiros:
cão e gato, e não preciso tanto;
uma ou outra falta,
minha família não se posta à mesa.

No canteiro não cultivo mais
resquícios e cicatrizes.
Nem sei bem onde deixei o passado,
os óculos sob fios de nuvens.

Não preciso do seu brilho, sol.
Os cactos da varanda sobrevivem
das goteiras do telhado, e da escassa luz dos pirilampos.

OURO NO OCEANO

O ouro que te escapa das mãos
afunda no oceano.
Não pude trazer de volta
ou ressuscitar a luminescência.
Pesa mais a saudade,
o imenso vazio do que cabe
eternamente, no teu sorriso.

Nem há céu, mar ou imensidão,
o tamanho da dor que pende
como nuvem cinza, o último adeus.
Agora que não posso mais
te carregar no colo, filha;
a minha vida segue
ao estupor de um sol dourado,
a terra que se abriu
enterrando-te toda minha fortuna.

Lembrarei de ti, eternamente,
escalando a Montanha de Órion;
tu, em meus braços, cansada,
até o topo da vista do céu.
Víamos toda a Via Láctea numa luneta
e disseste que o amor centelha
ao encontro de pedras numa faísca
incendiária, plena a cada toque.

O tempo nega,
mas também morrem-se estrelas.
Hoje, te daria mais razão:
a pedra de tão dura
esquece da sua própria essência.

Tarde, há de haver mais tardes
de te proteger
e ainda rirmos de nós;
de uma desabalada carreira
pelo matagal de descida,
escapando ilesos
de um urso e de zangadas abelhas.

A ESTRELA DO RIO

Parte do céu é brilho,
a outra, ilusão.
Avança mil anos, o tempo erode
em luvas de flores
beijando teus pomos de algodão;
vertiginosas pontas de estrela
tua estremecida face
ao espelho do rio desavisado.

Sou o rio da tua luz a te envolver;
não espero por outro brilho
do que te reflete, despida de defeitos
mesmo que me iluda parecer.
E se cortasse o céu
à faca dura, a gélida face
em lilases feitos de curvaturas
do arco-íris jade
ao rio, eu te ouviria:

"Rio, não corras tão cego
na escuridão.
Jamais me separe de ti:
se pela manhã sou nuvens,
à tarde, chuva,
e à noite,
a luz que vês é só disfarce".

NADA

Recostei a cabeça e todo o meu corpo
no conforto de uma cadeira baliana
envelhecida no canto da varanda.
Meu Deus! Há tempos que não faço isso:
me ninar ao colo.

Incrédulo, pela vidraça pude me ver.
A itálica reunião de família:
pronobis, salsa, alecrim, penca de rosas...
todas falam convulsivas
e nem se esforçam a ouvir
uma ressequida jabuticabeira, a exclamar:

"Ele ainda usa óculos escuros para perto!"
De perto, nunca tive boa visão
que revelasse as impressões da mente.
Mas era eu mesmo;
distraído de nuvens ao aviso de perigo
colado na vidraça: não ultrapasse.

36, 68, 101 andares, cada ano vivido
até o topo, visão privilegiada
de duas formigas se beijando...
Enquanto a vida ainda espera outro passo
e não adianta culpar o contrassenso,
a chuva pelas tragédias
se deixamos de ouvir a natureza
com todo esse barulho
das folhas dançantes ao vento.

O mundo no espaço da ampulheta
gira louco de datas remarcadas:

fabricação e validade.
Se, por um defeito qualquer,
se escorre um pouco mais, simplesmente deixa de ser;
revolta-se ao simulacro
fere quem mede nossa percepção.
E passa essa ave apressada
a distinguir o dia da noite,
não pelas horas, mas pelo silêncio.
Só o nada.
A paz aqui, nesta cadeira.

Aquela montanha continua
naquele caminho,
beirando um vale que beira um mar
que beija o ar... Sonho de criança.
E eu achava que tudo era céu
porque eu podia, enfim, fechar os olhos
e tu eras Deus; o princípio e o fim,
porque podias acender e apagar a luz.

SILVIA

Longe, tão longe,
as flores acolhem o vento,
salpicadas de chuva
e vê-se a noite
a cair na estação antiga;

Sinuoso frio na senda do adeus.
Rubro-viva, a flor na janela,
distraída te percorre o tempo.
Silvia, tens-me no olhar
já submerso de lágrimas.

E te recolhes o amor,
este alecrim do orvalho
em restos de lua
na ponte imóvel sobre o rio
do alto, outro lado avista.

Um lar cipreste e calmo
que guarda nossos ossos;
os passos lentos
que fogem da memória.
Silvia, a noite fala
aos murmúrios do vento.

Os ruídos de pedra caindo
na rachadura do vidro
do espelho do lago,
num córrego sem margem
da paisagem d'água.
Dispersa breve, este desfiar de luz
no arrasto lento da vela

que queima de gota incandescente;
ainda florescem os campos,
mas esta luz não volta ao passado
e o céu se estende em nuvens partidas.

A CURA

Desperto-me agitado. Meio tonto após
uma semana de doença; cede
a febre convulsiva do mediterrâneo,
esta mutante etnia.
Tal contornado a foz no limite do farol
o tempo morreu no inverno.
Eis-me de novo, vivo.

Se falha um veneno mortal,
outro cura;
a pirina bebe da colchicina
e no privado mármore,
minha cova servirá de canteiro
de rosas brancas.
Mas não se medirá meu corpo
aos palmos do sol, enfim,
do que ressoa seu casto alvorecer.

Outra Riviera vazia
no limite do pêndulo ríspido
de um fértil abismo
onde desabrocham flores,
alvos do inesperado
talvez fosse a nossa felicidade.

Eu e você, à beira da sorte.
E cultivamos espadanas azuis,
sua seiva de alucinações.
Via-te no vitral! Tinhas no aceno
minhas lembranças do mar.
Tantos lugares adiados
sob a furiosa onda de morte.

Levanta solene, o dia;
ergue as nossas mãos de névoa
cedidas ao desprezo do verão,
a tal graça retinta
que, agora,
no olhar do mundo eu quis.

JORNAL ANTIGO

Nesta casa de sala e quarto
e pálidas paredes musgo-escuras
por onde se estende
um corredor que ia dar para a vida,
nas mãos de um anjo, eu nasci.

Do alto da memória cinzenta,
meus primeiros passos
indecisos, no corrimão da escada,
o vento insistente à porta
"vem para fora correr".

Bem em frente, corria um rio
que me acertaria o rumo,
contornando as pedras das águas,
voando atrás de papa-fumos.

E para que tanta casa, a vida
me pergunta assustada
a este homem de óculos e gravata
que a solidão pegou um bonde.

E volto ao tapete ralo da sala;
umas fotos rabiscadas, brinquedos
sem roda, sem mola, em pilhas
que no chão tropeço e tento não cair.

Talvez eu convença a dona da casa
para me vender milhas de lembranças;
classificados nos jornais, a esperança
do que teria sido e não foi.

Se eu tivesse visto o passado
acomodado na cadeira da varanda
sob um molho de chaves inútil,
dar-me-ia ao vento que pende e balança.

Mas do que se trata no velho jornal
não há mais lágrimas;
o que brilha é o fogo queimando a lua,
lástimas do céu pelo inferno diário.

QUEIMADAS

No ar que se precede a morte
há um calmo silêncio.
A lua declina triste
seu pouso sobre o mar cipreste.
Sob a luz da lanterna,
não me responde o sapo,
o grilo, o pirilampo,
as feras das noites baderneiras.
Lastra o uivo do Guará
estridente, avisando
estampidos da mata a queimar.

O gavião de tocaia bate as asas
embaçado de escuridão,
enquanto a cascavel, ágil, alarda
com o frenesi do seu chocalho
a fornalha que se espalha.
Vai-se o espanto
na névoa de fumaça e labaredas.
Há fogo na mata, no rio, nas veredas
rubras de lábaros cursos.

Pássaros vieram de longe
e, sufocados,
pousaram a esmo.
Todos se transformaram em cinzas.
Sem chuva, a noite desgarra
em abanos e acenos de despedida.
Já não há nada a fazer.

Se pelo menos
esse calor viesse das pessoas,

viesse do subterrâneo
e se espalhasse em solidariedade.
Ah! Cresceria o universo...
mas falta-nos água e gente;
olho de soslaio, descrente.
No calendário, data a flor azul luzeiro.
Que ironia!

Há queimadas galopando nas quebradas
do mundo inteiro.
O vento instiga a incandescente lava
que consome a floresta milenar;
um rastro veloz aos céus se espalha,
ascende estupendo em salvas
e a flor chora pelas folhas que morrem.

A seca desafia a vida
que se erguia no ar; do cedro; da peroba;
do cajado de Deus.
No ar que se despede da morte,
o silêncio crepita
de uma lágrima de pedra.

A VÊNUS DO ADRIÁTICO

Do outro lado do mundo,
a Vênus do Adriático,
de pontes estreitas de pedra,
toca na esfinge; sua torre
mira o arco do céu acima
de onde foi banida do estelar.

Por ser tão bela, despertou
ciúme mortal de Afrodite,
que a baniu da plêiade
e a condenou à solidão na Terra:
Flutuar na fúria de Poseidon
e que o mar lento a afundasse.

E, no Rialto, disse-me um velho:
"Sou o rei do fundo do canal.
Tudo é velho comigo;
filho de Vênus e Poseidon,
fujo da maldição dos deuses,
vivendo escondido.

Na cicatriz do braço, a tempestade
de que fui impiedoso:
afundando os barcos, cegando quem atrevesse,
nestes canais, roubar o brilho da minha mãe.
Tive o poder em dividir o mundo,
e assim, Deus me ouviu:
em azul e dourado, o céu e a terra.

Mas Veneza seria única.
E, quando o sol morrer, ela rebrilhará.
Mesmos os ímpios e malditos

condenados pelos Doges,
sobre a ponte do último suspiro,
guardarão na prisão o ar
que o mundo respira até hoje".

As histórias voam do papiro
e ninguém por aqui as comentam.
Não é por medo ou cautela,
com ou sem história, olhos de poesia
olham para ti e em silêncio falam:
O ar do café me aquece as palavras,
mas palavras para quê?
Se as melhores coisas se calam.

MARINA

Quanto mar, quantas ilhas,
quantas águas lambendo a quilha
de quantas praias seria
o mar trovando em meio à névoa,
e de alguma margem retorna.

Água de sal aurosa de luz
que se desalinha ao vento da tarde;
se te vira o mastro, a vela apruma
o barco que espinha no atol da encosta
feita e desfeita de espuma.

Minha face de olhos nos astros,
as águas revoltas, às vezes plumas,
passam por ti sem perceber
e te ancoram à proa, os cascos
dos barcos dos confins do estrangeiro
esperando a ressurreição.

Luzes cintilam com o álibi da gaivota
mais ágil que o colibri, o céu
dos que sussurram sentados à ilusão
como pequenas folhas presas de marés...

Retorna a mim, o mar reduzido ao vento
em meio a Grumarias e Igarapés
na pressa dos pés, os olhos esquecidos,
como uma filha que eu havia perdido.

Ela era o meu barco, o pulso, o braço
me dado emprestado se a vela recolhida
no mundo de água que invade o casco.

O rebordo faz água, há frestas a calafetar;
toda esta água que passa
e que me leva este tempo irredutível.

Ilha náufraga, de névoa tempestuosa.
O sol me esquece na areia fria
e em algum lugar, em quanto mar,
quanta solidão destas ilhas.
Mares ainda a navegar, vida por viver
e eu sofro na noite escassa
que o vento apruma seu canto falso
sobre este mar de silêncio,
arrasta a ilha que te guardava em mim.

SÚBITO, A BRISA

Eu posso ter errado de trem,
mas não errei de estação;
sei bem aonde desejei chegar
e os beirais do lago de Barigui
ainda carecem de primavera.

A semana passada era inverno,
que os loucos se reuniam
mais lúcidos da usual ambiguidade,
sisudos da paisagem vitral cinza,
dos musgos do chafariz raso de água,
e deram-me boas-vindas.

Andam raras estas gentilezas
que, de ponta-cabeça do mundo,
fumei junto com eles
os pipocos do ar *démodé* suspenso
tal o salto aflito dos pardais
e pude reler meu livro em silêncio.
As águas pairam amórficas de ondas
ao humor dos ventos
ou de um breve freio do mundo.

Absorto o olhar
que não viu a brisa da tarde;
súbito, veio aquela folha de orquídea
entorpecer o ar de bailarina,
o seu fino lilás, tal um raio fosco
que me cobriu o livro, a última página
e, decerto, fui reler toda a história.

CARNAVAL EM VENEZA

Numa tarde de Carnaval
pelas ruas de Veneza,
a beleza passa, usual distraída,
e um vendedor de fantasias,
gentilmente, diz-lhe:

"Entra, senhora
de tão exuberante face!
Tornas a luz da primavera
vida na manhã de inverno...
Tal o destino da flor,
tu provas do perfume do amor
sem ser refém
do que os deuses a fizeram!
Dou-te esta máscara;
pois, na vida, não basta ser,
hás de parecer também..."

E a bela face retrucou:

"Apesar do lisonjeio,
diz-me palavras ao vento,
tal este ar Adriático
que tomba no ressalto da esquina.
Na vida, quanto mais se parece,
menos se é.
E não caberia sob tua máscara fina
toda minha ilusão e desejo".

Sóbria ao encanto:

"Se me vestisse destas aparências,
antes soubesse

que o amor nos elevaria muito além
deste muro de falácias;
das casas descascadas de mar,
das pessoas calcinadas
de vento, maresia e solidão..."

Surpreso, o mercador sorriu-lhe:
"Frágil de tanto medo de mim,
te defendes!
De fato,
sob esta férrea armadura
de molde transparente,
por que embaçar-te de ilusão?

Basta ao mundo o sol
na lente dos teus olhos claros;
a tua tez suave
que se fantasia do ar
deste meu amor sem face.
Quiçá, quiçá...
Um dia finda o Carnaval
e assim nos permita continuar
enquanto passa
a procissão das gôndolas
e este longo silêncio".

PERFUME DE VIOLETA

A violeta exalou seu delicado floral
num corpo perfeito
de sensual mandarina à beira das águas.
Leve o ar que acariciou suas costas respaldadas
de um dia feito de pau e pedra...

E era um pretexto de eu admirá-la,
a bela dama na relva estendida,
como se apreciasse o alvor de estrelas.
E recontasse uma a uma
enquanto eu a seduzia infinitamente,
pétala por pétala,
logo a ti, tão dona de céu e de perfume.

Abracei seu corpo de flor exuberante
sob a borda de uma rocha cinza,
onde o mar inconstante, na quilha do barco,
feriu o casco, tombou o mastro
e deixou-me à deriva de um vento sudeste
que sempre esteve prestes
a afundar minha única tábua de salvação.

PERGAMINHOS

Inesperado amor, por onde andas?
Por onde andas,
se a noite já se apagou
e tu ainda ressurges em desvario?
Talvez o dia desta homilia
fosse hoje, por este ar de desvio,
uma folha à toa, a vida
que voa neste pergaminho
escrito na pele da paixão indolente,
tão breve no ar flagelado
ao desalinho do meu sonhar acordado.

E reli todos os poemas tristes,
todos que os sepultassem
neste lapidoso luar da repente emoção,
a alegria de céu estrelado,
estrelas para todos os lados
neste universo oculto de construção
que eu pensava nem existir.
Uma anatomia ao acaso refez-se
em mim, talvez por haver algo errado:
no lugar da alma, um jardim
que a tudo respira, exala em ti;
flores de relva que movem poesia,
teu olhar luminoso que pousa
sobre o mundo e na minha boca se cala
como um sol entremeado de chuva.

Meu apaixonado olhar se resvala
no brilho que te enaltece a pele
sob o risco do teu andar apressado,
do alto que a tudo escala e desce.

Eu te sigo, gentilmente
em tuas nuvens de abrigo,
escreves palavras sem sentido
no meu céu de ilusão.

Mas o outono passa ignorado
em frágil pergaminho ao vento;
tornou-se uma casa abandonada
prestes a ser demolida.
De um amor estéril, nenhuma mensagem a ser lida;
eu te escrevo e quase morro,
apago o que te imagino ao meu lado,
na poesia que o poeta não ousaria escrever.

E tu te retornas distraída
pelo outro desterro da calçada
anunciada em pergaminhos,
esta cena da Sonata inesperada:
a infelicidade é um descaminho
no Passeio Público da ilusão.
Tu dobras a esquina;
alguém te veste de modelo na vitrine
e o mundo finda em liquidação.

BREVE ESTIO

Estrondar de nuvens em arpejos de raios
no ar parado de cinza, folhas e galhos
ao sibiloso rastilho da areosa casca de terra, o vento
que lhe assopra afrontada,
e de pingo em pingo, apruma-se a tempestade.

Vaza o corisco d'água assomado das telhas
pelo largo véu dos vales circundantes
às tímidas casas branco pardo, assustadas
do explosivo rasgo do céu assoreado;
esvai-se a corrente d'água magna, volumosa
nas gretas do cio da mata.

Encostas quebradas de pontes e cercas
e não se veem mais divisas de terra,
a fronteiriça divisa da iniquidade humana
ou a frágil ambição de que se encoraja o dia,
um recomeço.
O céu, enfim, descansa.
Breve estio,
vagas de névoa me arremessam ao milho,
espigas e sementes,
dizimado canteiro de preciosidades.
O calor que ascende do fogo
não mitiga o frescor da janela;
na fogueira, o lenho úmido que estala
na noite rasa de estridor dos grilos.

Ela vai da varanda à cozinha
como se procurasse a panela para o jantar.
A terra arrasada com tubérculos ácidos
da escassez de chuva e da espera do sol ou de que é feito
                                                                 [a vida.

Nas mãos ásperas,
nenhuma raiz se prende ao tronco de pedras no replante
[da roça
ou no enterro dos ossos.

Sobre os tocos das árvores, o final de estação passa ao
[largo do rio
tal uma solitária ave que espia desolada
e outras, mais atentas
ao espólio das árvores em pé que sobraram.

DE VOLTA AO COMEÇO

Sonhei ter-te encontrado
em alguma gaveta demolida
da minha reforma pétrea
e sorrias na foto identificada;
Sinais extintos de mim,
régia certidão de nascimento:
fostes de um século e extingues
em mim a sombra da espera.

E aporta-me o barco sobrevivido
de ondas rebeldes na quilha;
o teu cabelo esvoaçado
e tuas mãos súplicas, resignadas
ao céu surdo dos uivos da noite
tal um *flash* de raio súbito
no porão que não abriga Deus.

Vieste comigo em teu colo.
DNAs, genes, lócus,
definido perfil dos teus olhos
em algum lugar;
nada descobrirão de ti
além do breve sinal
interposto de mar e de ilha.

Permaneço-me no cais
desfeito das amarras de nuvens;
sobe a âncora do passado,
de volta ao começo.
Continuas bela em meio ao caos,
ao pó das traças,
e retorno-te certo da acolhida do vento
abrupto, desvairado de oceano,
desta distância que não nos separa.

PAISAGEM DE OUTONO

A manhã ainda pende
da borda de um céu cobalto,
insigne da estrela
que breve seguiu um rio.

Cai como folhas
maduras da amendoeira, a noz
guardada de nódoa e sabor;
perde-se sobre a estrada,
o amarelo pálido da manhã
que recai sem margem,
infinitamente única e para sempre.

Um ou outro rebuliço de ar;
a vida que respira, ressurge
e continua delicadamente frágil
ao toque das mãos.
As atitudes se vestem de sonhos
que ora vêm e flutuam
ou fazem companhia às pedras
que da noite rolaram...
Nem todo ouro transborda do azul;
o olhar, o sorriso, a esperança
são pilares de gelo
sobre um lago efêmero.

Insistentes, os pardais
teimam de liberdade e cantoria,
enquanto o sol se abre fosco.
Pende do ruído das ruas
que os recomeços são marés
que se atropelam
e se reiniciam na calmaria
antes que o vento mude a direção.

MEU MAR, MEU BOM COMPANHEIRO

Ó meu mar, meu bom companheiro!
Pareces incansável; sereno na tua luta.
Acolha-me.
Cuida deste planeta sedento.
Leva-me a algum paraíso
que compartilhe do teu verde, teu azul
de encanto e tranquilidade.

Tu que ouves à vaidade de todos;
às âncoras das preces, ao Desiderio
das promessas ao vento
que trai os segredos das pessoas.

Sejas paciente, vista-te da lua e do sol;
do dia e da noite; do céu e da terra.
E resista: único e decisivo,
fiel escudeiro que a tudo suporta.

Viemos e voltaremos
por esta porta
ao momento puro da criação
que o fogo ainda se resfria.
Tu sofres solitário
como quem da morte se adia
e não nos percebe tão abraçados
desta vida aos sinos do vento.

Brindamos vinho no corredor do templo
ao nosso ansiado encontro.
Nós, dois seres refugiados de uma ilha
em que vivemos de tentar a luz
que nos recai agora.
Imperdoável a ausência dos deuses
nesta memorável cerimônia.

Talvez ao longe, observem-nos
e se calem de condolências
porque não nos reconhecem mais.
Não somos os mesmos,
mas sob esta minha superfície
abrigo o teu desconhecido;
os teus monstros,
o Titanic
que não nos soube navegar.

Vê como trocamos de ar e atitude,
as células das nossas peles,
fugaz eternidade que se parece rude,
exposta ao dia a dia;
só a essência de pedra nos cura.

E a tal hora deste encontro
os ponteiros se cruzarão
na quietude da noite, permissivo olhar
de luminosidade e silêncio.
Eu sei, você me ensinou a viver.
Teu olhar a postos, tua beleza
foi o naufrágio da minha solidão.
E que o infinito seja um reino
onde nos alçaremos do abismo.
Sim...

Mas tu também sofres
da indomável fúria avassaladora
se o mundo fere teu oceano
e de arrasto, quebras o espelho do céu,
todas as margens do universo;
as pedras profundas das referências.

E vão-se as ilhas agarrando-se ao nada;
o sal de lágrimas das nuvens

que de ti desprende
e levas contigo o meu barco, meu prumo,
aquela ave sem rumo.
Não, ela não voltará ao ninho
partido dos galhos; também te seguirá
ao estraçalho desta corrente
que nada resiste e na areia te espalha.

Assim és tu, mar,
meu bom companheiro.
Há em nós uma relação quase humana:
sou o homem inteiro das tuas águas;
tu és a casa sólida que me abriga
e, ao mundo,
apenas cabe aceitar nossa convivência.

FELIZ ANIVERSÁRIO! (Vida em construção)

Acenda-te da bela vela de felicidade!
Um bolo branco de aniversário
d'uma necessária poesia que te cobre
como um glacê confeitado diário.

Amável sabor dos sonhos revividos
de amargo chocolate, dias de chuva e sol,
a história que se vive sem perceber
do que foi preciso, impreciso entardecer...

Relembra-te do sol da madrugada
iluminando as noites içadas de solidão;
a doçura nas lágrimas dos teus pais
afagando a dor dos teus bravos irmãos.

Relembra-te e ressuscita-te sempre
porque não haverá outro dia
quando tudo mais ausente houver
e o universo couber num verso de poesia.

Eis o lastro desta data, fatiado espaço
do que ficou pela mata, caído pelo chão
amados amigos, bolo de cada pedaço
como se os trouxessem em comunhão;

A eternidade é a maior idade da clareza.
Então, sem luz, acenda-te desta vela,
a alegria acesa em torno da circular mesa;
receba os abraços de quem te ama
e para sempre, que se comemore neste dia,
sinuosa chama, a vida em construção.

MORRO GRANDE

Morro Grande.
Por mais que eu te diga:
em ti não morro,
diz-me por que vivo do teu destroço.
Molda-te desta grandiosidade
o teu mar de árvores
que sobe além da reflexiva neblina
e jamais a cidade verá teu topo.

Morro Grande.
Por mais que eu te diga:
em ti não morro,
diz-me quem sou, sem compaixão.
A trilha que te infinda
é tão sinuosa como este escopo
que em mim, inciso de asas,
te revoa pássaro na imaginação.

Morro Grande.
Por mais que eu te diga:
em ti eu não morro,
diz-me agora, enquanto passo
esta vida viajante, morte passageira
do mundo à beira da estrada
em ribanceira. Fracasso?

Talvez ninguém te saibas certo
que és um lugar distante, solitário
abrigo da brisa passante
que desapeia descalça do itinerário
no teu morro que abriga o céu
e todo além do destino imaginário.

Morro Grande.
Por mais que eu te diga:
em ti não morro,
peço-lhe socorro aos teus pés
pela capina que te feriu de morte
e por isso tu escondes
teu fino de água nascendo forte
em suspiro sobrevivente,
doce alento que o outono recria.

Morro Grande
por mais que eu te diga:
em ti não morro,
diz-me das vidas que carrega
na luz do teu colo o vento,
silvo de relva
das sementes, de raízes e bichos
na trilha da mata fechada.
A minha vida é este só
de quase um fio pendurado da malha
do céu que nos faz grande,
o mundo que nos junta ao mesmo pó.

PEDAÇO DE NADA

De pérolas e colar
a terra ao mar
vestiu-se bela, perfeita!
De salto alto, céu no olhar,
luz poente de magia
encena a tua breve opereta.

Terra, meu pedaço de nada!
Todos os dias e quase sempre
a cada hora marcada
por alguém vive,
por alguém se abre,
por alguém sonha,
e se fere, e se chora, invade
e vai embora
com meu pedaço de sol,
com meu pedaço de nada.

Artista do nimbo!
Como é tarde amanhecer
desta paz em grão
o que faz e desfaz ser e não ser.
Tu andas apressada
na estrada imaginária do nada
de ponta-cabeça, súbito
a lua, a alva estrela e todos os astros
se calam ao vê-la passar.

O sol confessou-me segredos
acariciando a tua sombra ao chão,
tua voluptuosa mata
os teus cabelos caracóis...

E os limbos da noite desesperam
do amor que se move
ao teu encontro, a fina areia escorre
do mar que permeia, te espera
na boca o gosto de sal e de aflição.

Ó bela ninfeta, em eterno desafio,
arrasta-me ao imo, este homem
deveras apaixonado, despido de trevas
ao teu arcádio exílio,
para que o amor nos complete
no universo do coração;
para que assim, toda a imensidão
não seja só a sombra do vazio.

CÉU DE OUTONO II

O Outono te borda de beleza; do ouro,
a blusa cinza que te veste a tarde
ao olhar náufrago que nos espera o mar,
na mesa vazia das nossas vidas;

O céu pede à noite que o espere
e reflete o verde que do mar se apronta.
O acaso se enferruja na planície
ao mergulho derradeiro dos pássaros.

No vazio da mesa senta-se a lua;
reclina-se da sombra que se aproxima,
pálido brilho que o mundo espreita
ao lado, ora crepúsculo, ora escuridão.

Servo suspiro do vento nos galhos,
a canção melancólica do vão da floresta;
o farfalhar das folhas murchas, nuas
bailarinas sob os pés do céu abaixado.

Pouca vida a que flutua moribunda
dos restos da madeira tosca,
e de um outono que desfolha os galhos,
cavalgando sem consentimento.

DIÁFANO

Toma este dia, meu amor.
Na foto que guardei,
o céu pende sobre nós
e tu sorris
como se tivesse nascido agora.
E fora feliz
neste mundo reflexo
que se irrompeu pela vidraça.

Raios do ocaso,
os cacos espalhados de sol
através de toda aparência;
nos teus cabelos, boca e pensamento,
no infinito recortado
de mais um dia, réstia ao fundo,
que sobrevive.
Esta folha amarelecida
do inverno cáustico e ressequida
de mais um insólito outono.

O que se perpetua, semeia
do diáfano ar que brota
a semente desconhecida do fruto.
Tu estás na minha foto
como esta vida que, lenta, espera
pelo vão dos meus olhos
que estavam fechados, sonhando.

O RIO

O rio salta do coração da mata
em gingados de capoeira
ao acaso do céu que se afasta
desvario de uma vida inteira

Alinhando estrelas na escuridão
sua cristalina corredeira
contornando as pedras pelo chão
dos alegres pássaros à beira;

Segue o rio a murmurar sozinho
que ninguém lhe diz obrigado
por ter tirado a pedra do caminho
e a árvore as folhas ter aflorado.

Segue nobre, decidido e soberano,
seu longo destino é o oceano;
não volta atrás, não espera bajulação
ou de aflição, mudar seus planos.

Do mundo nada lhe dá saudade:
Um pescador que lhe imagina o peixe
em feixes de raios e tempestades
e se afoga ao olhar de nuvens passageiras;

Hoje está mais fundo e apressado
que se desatina por um desvio;
sua água subiu mais que o esperado
quanto mais cheio, mais vazio,

Mal sabe lá a vida traiçoeira
entre tantos sismos e ribanceiras
vê, ao resvalar do abismo,

a bela flor cordilheira que lhe sorri...

E diz: "por ela eu encheria o vazio
desses respingos de névoa e lágrimas".
E frio de lástimas segue a murmurar:
"A vida passa, tudo passa
mas eu só sei partir, eu não sei voltar"!

APENAS UMA ILUSÃO

O pensamento atravessa a noite;
da cabeceira de névoa do quarto escuro
à janela da fina luz em que se alçou a madrugada.

Sai do coração e sobe a montanha de gelo;
uma vela acesa na algibeira
da esperança eremita de encontrar a paz nas cavernas.

Passo a passo, sobe a montanha
enquanto o corpo se resvala no espaldar
da cama, adormece Lázaro, se entorpece.

Bate um relógio talhado de madeira
enfeitando a parede em pêndulos vagos:
vão, voltam, e ficam no mesmo lugar.
Àquele lugar, talvez,
que me levasse a todas as respostas ou tentativas,
e não ao fracassado desejo.

Do ar que se respira o brilho,
céu todo que espera
este ar lá fora, da araucária aprontada de folhas e pinhos
resiste ao emudecer do rouxinol
e se prepara para o longo inverno.

Das falas perdidas ao frescor do vento
e do que se ouve das orelhas congeladas
de relva.
Passo a passo,
insetos se reencontrando num aceno breve;
entre o corpo e o pensamento,
há tantos desencontros.

A luz receosa na fenda da porta,
um castiçal antigo que o passado arrasta,
adentra-se sob o tapete
e no espelho da parede reflete-se de nada.
Da brasa da lareira, as crepitantes vozes:
"Fique aqui comigo".

Um fio de cabelo solto, em ponta chamejante,
incendeia-se do frasco de aroma
caído no travesseiro; estende-se
o deserto em luminescência
de que somos apenas uma ilusão.

Este marombar que do silêncio se refuta,
traz de volta o pensamento
que luta não se afogar nos sentidos,
atirado ao vazio do que somos.

E um rio se aproxima, arrastando-se
pelos degraus acima na escada, em ondas
que se agitam, jorrando em profusão,
arromba a porta
e nem me pergunta se estou pronto.

ENTRE O TROVÃO E O RAIO

Ela mora naquela rua estreita
afundada num vale
espreitado de selva, de rio e de lua
onde durmo no meu passado.

Esta mesma rua no futuro
foi só uma lembrança suspensa
como uma música no rádio;
ela contando histórias de heróis.

E não havia solidão na porta de casa
onde as janelas ouviam do vento
o arrastar das carruagens,
a lírica cigarra com seu canto exilado.

Seco trovão atrás dos montes
estalando a pedra vertiginosa do céu
em sol e chuva, meninos de raio
que despencavam do morro enegrecido.

Há deuses sob os lençóis de tempestades
que em ondulações permanecem;
vidas em galhos desfeitos de árvores,
ninhos recolhidos de pássaros em fuga.

Reerguidas as colunas do Coliseu,
os reis verão a nossa brava luta diária.
Seremos os leões que enfrentamos,
nossos ressequidos pedaços pela arena.

Os reis temerão o rasgo desta fúria
pelo chão, o sangue das rubras coroas

mas, hoje, este ríspido silêncio
ergue-se, tal os mortos ressuscitados.

Há uma calma infinita neste lugar
parado entre o trovão e o raio,
e houvesse da fonte este som da água
que me invadiu tão fértil.

Ela foi todo este tempo presente e futuro,
a rua que nunca foi embora de mim;
meu passado desperto num céu de fogo.
Tocar tua face, teu suor calejado
sob o tempo que só não nos foi cruel ao amor.

TRAVESSIA*

Deste lado do rio, à margem do Paraguai,
não mais te vemos. Tu atravessaste
a correnteza que ainda assombra, aflige
e agora descansa junto às águas calmas do paraíso.
As fronteiras não separam almas.
Decerto, soerguerás límpido, rejuvenescido
da névoa de água que eternamente passa.
A luz da manhã, um manto lilás
na tenra pétala embebecida de orvalho, queda,
e o vento rejunta as folhas do mar cipreste
que nos rodeia.

Tuas mãos nobres de cura na medicina moldam-se
ao bastão do arco que te ilumina
e te guia pelo azul celestial da travessia.
À margem, solto e impreciso, alteia
um pássaro do ninho, o mais alto voo.
Inevitável momento da travessia, deixa-nos algo de ti,
enlevados dessa força de superação:
vencer a dor ou atrasar a morte.

Assim como se crê um dia
que todas as lutas acabarão em paz,
esse silêncio absoluto entre Deus e nós.
Porque viver é um ato supremo
de amor e de coragem. Partes agora,
ao vale próspero da nova era,
um campo de flores que a brisa toca nas tardes violetas.
O pássaro sobrevoa
as pontas da encosta procurando abrigo.
Deixaste o teu coração escrito
na pedra dura de toda esta existência.

....
* *In memoriam* do amigo Dr. Eduardo Boveda.

ÊXTASE

O dia passa no assobio de um pássaro.
Era o vento quem me movia depressa,
nas suas pequenas asas,
equilibrando-se nos pendões de trigo.

O dia persistia na noite de outros dias comuns;
de desejo e fantasia.
O tempo que levou a rosa a florescer,
o seu grão improvável.

Era amor. Existia sem se perceber
como existe o ar, o pólen, a seiva, a luz...
A visão extasiada de claridade.

Meu mundo era grande de sombra
até quando a vi uma única vez,
e eu a vi todas as outras vezes.

O seu sorriso
entre as árvores que balançam nuas,
nos cachos de cabelo, um ouro flutuante.
Era amor onde não havia
e há saudades desconhecidas.

KIEV

A Ucrânia está morrendo e falam de paz,
murmurou o ímpio.
Da tundra que bailava, sobe de um ermitage
o ar ríspido de pólvora
que se prende do céu vermelho e à terra tomba.
Espremida entre ameaças de poderosos
o que querem e só lhes ouve o vazio.
E crepita a lenha ao fogo e cresce ao vento...

Os donos do mundo são opulentos senhores
expansivos de guerra, colonialistas.
Algo sempre esquecido que voltaram a buscar:
seus olhos rasgos de céu.
E suprimir sua liberdade, calar sua língua,
exilar suas ideias, matar seus poetas,
exterminar-lhe a eslava raça.
Privar-lhe o mundo da vida
que já desmoronara dos dois lados da guerra
de um Leste esquecido:
"Quem precisa de dois velhos?"

Entre a Europa e a Ásia, tênue fronteira:
nada além da morte
que se sobrevive dessa morte.
No despenhadeiro sem eco de tão profundo,
os inimigos morrerão abraçados no estreito vão de pedras.
Não haverá vencedor
e Kiev continuará sobre a terra disputada;
o seu sol sobre o azul do Mar Negro.

Já não há tempo de felicidade;
sorriso calmo, lábios doces

de lavas contidas
que incendiariam o mar.
Não, o que queima em Kiev
são fogos do céu,
um céu de fumaça e medo.

Pão escasso de Natal,
a ração do dia, das mãos sujas
de um Cristo invisível
solitário a repartir esperança.
A luz mísera se desvia
das sombras dos corpos
nas paredes rabiscadas de sangue.

Perdoa-nos um crucifixo
das mãos da Santa,
única vela acesa no porão
a expor os ossos
de toda sociedade destruída.
Ave que desenterra feridas
no vasto subterrâneo de guerra.

Explosões e sirenes!
Um cão confuso, refuga,
refugia-se dos artifícios,
a bomba que matou a pomba
ortodoxa simbologia;
o que se emerge dos olhos
não reflete a paz.

Sobre o épico toco de árvore,
devastador,
ressoa num vento rude
o som das crianças débeis
que choram as perdas.

Um homem recolhe os mortos
cobrindo seus túmulos
com as poucas folhas resistentes
ao calor dos morteiros...
Um grito, um silêncio.

VERSO PERDIDO

Foi-se o amor,
aquele amor de versos perdidos,
a breve inspiração descabida
de uma cabeça confusa,
tal absorta entre cravos e margaridas,
em palavras imersas
nessa imensa gaveta de lágrimas.

Foi-se o amor,
aquele amor de versos perdidos
e não se sabe onde se foi
ou se era mágico ter resistido
em páginas da história,
largo maço rasgado de anotações
ainda clama por se escrever.

Foi-se como foice
que de relance sobre a mesa
cortou de aspereza
o que era açoite
todo encanto, carinho e admiração.
Talvez pelo chão
ainda num bar, numa estação,
a gaivota voe na praia.
Mas o tempo jamais falha
e sabe como ensaiar passos
quando não parece andar;
escreve no terraço
um aviso, friso de nuvens a serenar.

Ninguém sabe dizer
se de bobagem se escreve

e por que de poesia se esquece
se de tão pouco é
estar vivo por um só momento.
Cala-se e não se sabe:
se foi miragem,
por que mudou tanto de proa o vento?

Foi-se assim, como semente,
pendão de alecrim,
volátil perfume de jasmim...
Exímias correntes
que do mar nascem e se vão.

Nada se sabe se esse dia voltará
noutra versão
ao coração da noite pálida...
Foi-se assim
como um verso perdido
o seu delicado amor,
que sob a pena do escritor incauto
agoniza-se em vão, redimido
de não ter sido escrito
no mais alto levitar das intenções.

MAGNÓLIA

O barulho da comida no fogão de lenha
até os bichos rodeava
enquanto Magnólia preparava o jantar;
esbelta negra que misturava o sol
e a lua, o alho e as cuias de um reino incomparável.

Perfumado sabor adentrando nos quartos,
no linho da cama pronta,
seu corpo vestido da cortina de brisa e luz fosca;
eu a possuía de fogosa ilusão.

A panela esperava cozer a carne
pelas labaredas em fuga do quebrado silêncio.
Estalos de brasas, fagulhas no olhar discreto
e o meu coração disparado...
Será que ela me queria?

O pouco que me custou esse amor primeiro,
desbaratado de eterna dúvida,
e que hoje se ressente o meu mundo.

Eu assim, coisa de moleque besta,
assustado com tanta revelação,
tombado daquela silhueta majestosa.
E pensamentos que se misturaram à fumaça
do seu cachimbo de osso e palha...

Pitava a vida difícil de ser mãe jovem
de um Guinó de pai ignorado...
mas do seu nhoque de misterioso tempero
ainda sinto o sabor perfumado.

FATACAZ

Fatia o pragmático arco do céu, um raio
e faz tremer a terra; desespera
um abissal voo de águia
que aqui no meu olhar te refugias.

Escorre dum relicário de memórias
as nuvens entorpecidas
de onde mergulhavas reinante,
tuas asas desafiadas
que me elevaram acima das horas.

Sopra o vento as ondulações da vida:
não se resume de preces
afundar em oceanos desconhecidos.
Uma só luz, dá-me
e mesmo fora do mundo iluminarei a terra.

Fatacaz, algo cortante de estreita devoção;
tens no raio de fé, pedaço de vela
alvo clarão que rasga o véu da estrada;
vai! Fuja do nada, escapa
deste lampejo no ar vazio, de luz e caos.

ILUSÃO

Brilho de corais no mar profundo, a ilusão
bate à porta cobrando passagem;
fogueira de lua, onda torta de luz sorrateira,
desnudo relógio impreciso, o coração.

A tela quebrada de uma paisagem ribeira,
o teu galho não germina e nem dá sombra;
tomba, verga, parece que quebra, alonga
e cega como uma pedra que o vento carrega.

Ó ilusão, minha profundidade, tua superfície,
esfinge a se desfazer em pó, poeira
porque nenhuma hora é o último instante
envelhecido de realidade traiçoeira,
os sonhos ainda são o que eram antes.

Um quarto vazio, um só travesseiro,
a noite de uma vida inteira tudo devora;
pende do bronze arco, frágil facho luzeiro
que sem fim balança hora após hora.

Pelo fim, assim não deveria ter começado;
ir onde nunca o ar exala de amor livre
e mergulhar fundo para morrer ao teu lado
no lago, no rio, no mar que o céu vive.

Eis-me aqui, ressuscitado de ti, pura ilusão!
Ainda passo nessa estrada sem saída,
buraco na estrada mal construída, roteiro
sem morte e sem vida, algo que te procuro...

Ó ilusão, aos reflexos da luz desmedida
num mar profundo, te rebrilhas do escuro;
do sal ancoras, coral, fundo do nada...
A vida sob ilha de chegada, és só partida!

POR UMA PENA

A pomba escapa e rompe o ar,
no vão improvável
entre o carro e o asfalto:
seu olhar agudo, em sobressalto,
se recolhe da morte que ficou.

Uma pena flutua
desse dia salvo de libertação
e pousa em um arbusto.
A pomba, assustada e solta,
como se algo por dizer, se recolhe
na ponta de um galho
desfolhado de indiferença.

Florescidos de poeira e tempestade
à margem da estrada,
há três galhos suplicantes ao céu:
um de pessoas, outro de coisas
e esse, de apego e desapego,
separados em direções opostas,
sacudido pelo vento louco, diz:
"Com um toco de pena, reescreve-se a vida".

BRINDA-TE DE POESIA

Quando soar a última badalada,
brinda-te ao amor!
Restabelecida a paz solene de Tebas.

Levanta-te a taça neste ar
que teu riso desperta,
esculpido entre o mar e a chama
de uma estrela cadente;

E em versos de eterno trovador,
rompe o sigilo
que fizeste com o medo:
jamais te cales.

Todos te exigem sabedoria
ou leram de ti
odes do antigo testamento
em celebrados rastros de razão...

Mas não falte ao tempo exíguo
Poesia, ele não mora em teu exílio.
Venhas só! Brinda-te comigo.
E te deixes arrastar do coração aos pés
pelo trismo do vento
ou pelo bruxismo da noite.

Ninguém recolherá a luz
que prende o sol a ti.
Cubra os teus braços e mãos
deste pedaço de céu
e te enxugues destas lágrimas...

Seja, então, um rio transbordante
que me desvia da miséria
e me banhe a alma deserta de amor
na água pura dos teus versos
ou que de vez me jogue
ao fatal abismo destas pedras.

LONGA NOITE, NOITE ADENTRO

A anfisbena elevou-se da margem do rio
resvalando no ressalto de tronco, em meio ao barro
que lhe impedia o bote sobre o sapo distraído.
Entre vãos luminosos, a fogueira de vaidades;
este mundo infinito em órbita de cada ser,
eclode de estrelas invisíveis.

Aproxima-se o céu da terra, dos bichos
e humanos, esta selva incólume ou insensível.
Entrelaçado cipó amarra o véu
por onde foge um sagui das garras do jaguar.
O lobo não se importa com o ocaso da noite;
a pouca folhagem lhe embaça a fome
e uiva à derradeira lua pelo ar de chumbo,
mal contenta se lhe escapa a caça.

Solitária lua, amante sedenta do sol,
seu áspero fio de vida, pálido, a tudo assiste.
Cada um tem seu próprio brilho
ou a morte perpétua sela em desacordo.
As asas da borboleta se expandem;
cuidadosa, voa baixo com a brisa
para não desafiar a força do vento
enquanto a folha abriga
e alimenta a sua lagarta, a sua derradeira
mudança.

Todos vivemos nesta floresta,
ímpios e julgo de silenciosa inquisição.
Servos à nova ordem e hierarquia da natureza,
a vida é um sonho ingênuo,

uma zombaria das velhas caduquices.
Corre a seiva nos elementos vivos
sem abrigo de si mesmo, estamos sós
na noite que se vive circadiana.

POR ENTRE OS DEDOS

Quando o amor tiveres nas mãos,
Não acumules neve entre os dedos
Cada pingo, um desvelo de ilusão
E a alegria roga o seu breve desterro

Não conte às estrelas tua consorte
Porque elas já não estão onde tu vês
Não te ouvem em teu leito de morte
Apenas existem ao tempo que tu crês

Mas desta audaciosa trajetória, fale
Para que o mar em ondas te propague
À glória do amor que, súbita, resvale
No céu em sublime anseio de veracidade

Não morrerão as flores dos presépios
Não morrerão os mártires injustiçados

Acorrentados na miséria do absinto,
Nada te escapará entre os dedos;
Nem o sol deste entardecer etéreo
Que franziu da noite desejos comovidos
E que ressurgiu na terra algo extinto.

O LIVRO DA MINHA VIDA

Eu comprei um livro antigo,
desses raros que o mercador pestana,
como se fosse o último segredo
de todo o renascimento.
Finalmente, exposto em uma feira;
na vitrine de um beco,
a alma sobrevivente de um livro...
Eu iria ter todas as respostas
dos gênios da humanidade.

E estava feliz,
conformado pelo valor da pechincha,
o livro que agora era meu;
sua bela capa em nababesco
e fios de ouro
sombreavam aquele olhar esverdeado
e, quiçá, todas as poesias
em um vale dourado do entardecer,
onde, na clareira, flores tu recolhias...

Abandonada serventia, o musgo cresce.
Seria de um vale de sombras, o livro
mergulhado de almas escondidas
entre as ervas malditas,
assustando o sossego do paraíso?
Perguntou-me o coração:
por que lhe foram tão descuidados com tal livro?

Abrir aquelas páginas seria
descobrir a anunciação do juízo final;
a poesia que eu nunca escrevi ou compreendera.
Ansioso, tentei, inutilmente, abri-lo.

Uma senha, uma chave, uma mágica?
De fato, estranho.
Guardado em si, senti-me tolo.
Nenhuma página disponível,
somente a sua bela capa.
Mas e a contracapa, o sumário, o miolo?

Impenetrável e colado massivamente
dei por mim ter comprado um mistério,
um mistério sem chaves.
Talvez o vazio que se explicasse
ou a solidão de se perder, inevitável...
Gasta-se uma vida inteira sem explicação.
Na contracapa, em letras miúdas,
a singela dedicatória de uma autora desconhecida:
"Este é o livro da minha vida!"

ESTOU PRONTA

"Estou pronta", disse ela, frente ao espelho
como se alguém a esperasse...
Como se fosse para um baile de debutantes:
a primeira dança, *scarpin* preto estalando
os dedos e, no olhar, um coração hesitante.
Ah, o primeiro beijo daquele amor escondido;
o batom borrado, o cabelo turquesa tingido
e cinquenta anos passados sem se perceber.
O tempo voou em cinzas, imerso no mar.

Visto do alto, a areia das ilhas guardiãs do sol
esperando a manhã circundar o atol. Inútil;
a engrenagem não cessa o motor do tempo
e pedras se curvam de marolas e tormentas.
O espelho não diz nada; apenas afronta
à palidez desviada da luz e que se envereda
por seu vestido carmim bordado, entreaberto
de sonhos e miragens em fios de seda.

"Estou pronta", disse ela, mais uma vez.

NO COLO DA LUA

Ergue-te a fronte ao Pico de Deus
e cede beijar-me a face, desprende-se
errante com o meu fardo de vida,
volta ao mar tão solitária como veio

Uma velha gaivota que rala migalhas
nas pedras antigas de mariscos;
sóbria é tão somente a tua luz
que deste mar espuma celebração.

De repente, a noite faz-se tão clara
que toda a verdade do mundo se aflora,
acima da dor e da imperfeição.
Teu silêncio resvala um raio de equilíbrio

E te sustentas pálida, assim absorta
sobre o muro que separa
a terra do fogo, este teu corpo de prata,
quando nascente, cega-me a face

Ao mar, um abismo na areia fere
mais que um voo livre pela Via Láctea
e ignora este sismo do céu
obediente servo das tempestades.

Neste teu ilusório brilho, leva-me,
pois teu olhar não se aflige de cansaço
e pode atravessar todo o universo,
as paredes descascadas de memórias.

Leva-me contigo, ao colo petrificado
das tuas escrituras moldadas de séculos,

onde, serena, a manhã se deita
abraçada de sol onde todo universo incide.

Vê-se a tua casa mesmo ao longe,
tu fluis entre a suspensa névoa,
alçando o retorno ao incenso de alegria.
Nem o ar nos separa da nova cúpula.

O ADEUS DE CASSANDRA

Eu nunca fui esse mar profundo, Cassandra.
Disseste-me bem em tua visão fantasmagórica:
eu nunca seria um poeta.
Minha vida foi um mal necessário
e um eterno engano de poesia.

Sempre a inocência retive na superfície;
no cansado olhar reflexivo divergindo
da alma, uma garrafa pet sobre o oceano.
Assim, alguém que espera que a recolha
e se evite mil anos de deterioração
na profundidade das suas plêiades de anêmonas.

Ignorado pelos deuses, ouça-me
Cassandra: não os desafiem!
pois será castigada de invisibilidade
e tu não careces de borda ou transparência.
Guardo-te nesse momento de adeus
o abraço íntimo onde se vê,
restou-me pouca poesia, a menor de todas.

Disseste um dia eu nada ser;
eis-me então, imerso na solidão
que te entrego de herança.
Toma minha cidade cinza de artefatos,
onde morreram meus pares tentando fazer poesia,
a cabeça de dúvida, minha razão abalada de chamas,
minha vida árdua de insignificância.

Os campos de flores e de trigo por onde atravessei;
as valas profundas que tive de saltar,
foram resquícios mágicos plantados pelos reais heróis

que mesmo uma criança percebe
e da velhice resguarda.

Um poeta deslaureado
que os críticos fugiram assustados,
correndo para o colo do rei
pelas minhas vestes rasgadas, desprovidas de beleza.
E fugiram, certos da minha sonoridade fácil.

Então, cada vez mais só, profundo,
fora a pele rústica das têmporas
que me estreitou a visão e o calo das mãos
que me aliviou da brasa recolhida.
Minhas vestes, a profunda superfície.

Vivo do sol ancorado ao cais,
do alvor dos pássaros em estribilho ou em silêncio,
este leve ranger das ondas e do vento
nas amarras das embarcações;
nas finas tábuas em que me equilibro,
amoldado à sinfonia da tarde.

E trespassado da serena gravidade da luz,
sem sombra, sem peso algum,
entre o universo de eventos e a singularidade,
entre o ser e o não ser, ainda sou relativo
de um aborto de estrelas no buraco negro,
a mais óbvia das lembranças.

Abraço-te em despedida, Cassandra.
Viveste em mim nas tuas visões vagas;
nos dias intermináveis beirando o céu e o inferno,
com a chave esquecida na porta
da varanda enfeitada de primavera.
As batidas do vento
assombrando noites de incompreensão;

tuas mãos sobre as minhas;
tremores, traços, passos das horas escuras.

Cassandra, a tua rima é que desperta
a breve poesia desta minha vida de pedra.
No rodapé da página, diga a todos, soberba:
"ele morreu como um poeta".

GRAND MONDE

Pai, onde andavas
que me fizeste acreditar nisso?
Esse mundo não é meu.
Fui pedra de pinguela do aterrado
e livrei-me do chão rasteiro.
Agora, a vida é o meu mais alto
e único artefato.

Esse mundo louco não é meu
de fato, e desconfio do dono,
aquele homenzinho fumando charuto;
de gravata-borboleta e de paletó vinho
no controle do cordel das cortinas.

O imenso palco do mundo:
um palhaço que sou.
Nenhum texto, nenhum *script*;
basta quem sou,
de roupa íris plissada,
carregando um baú de piadas,
sorriso à manivela,
ao ronco da velha furreca
e da rumba dançante de pratos,
serve graça da minha fome.

E gente e gente chegando
que se acumula nas entradas;
da América à África,
da Ásia, Europa e Antártida,
filas e filas de gente.

Tudo por um fio:
o trapezista na corda bamba

sobre a rede curta;
o macaco-prego de ponta-cabeça
num pneu de bicicleta;
um tigre que sonha ser o domador;
a luz que se apagou,
um mágico recorta a minha ilusão
e a moça não chegou a tempo
de salvar o meu pensamento.

Esse mundo não é meu, Pai.
Decerto, um grande circo,
talvez um *déjà vu* de fantasias
reais, esse *Grand Monde*
e eu sou apenas um palhaço.

Um palhaço do mundo,
mais um Raimundo
pedreiro, encanador, cortador de grama,
mal e benfeitor,
ajudante dessa construção...

E a velha banda toca.
Berra o homenzinho no megafone:
"Venham todos,
ocupem seus lugares"!
Explodem fogos de artifícios,
tudo é artifício...
E pelos furos da lona vê-se estrelas.
"Venham!
Hoje é preciso ter alegria".

MUNDO EM TRANSE

Ah, esse mundo de Eusébio!
Suspirei ainda ébrio, de pensar confuso.
Esse mundo de Quintana,
de Anastácia, talvez. Um mundo branco
em desuso, revestido de paina
ou de um plástico transparente;
a pele suja de barulho, um poço d'água
sem roldana, a palavra em parafuso
que se desprega diariamente.

Penso que fujo, quebro a corrente
da cadeia assim, surjo
meio que pela porta da frente,
desfigurado, meu pensamento em fuga.
Ah, coitado do Eustáquio! Não deu tempo
e ao vento uivado, a viúva o levou
para a curva do epitáfio à revelia do hospital.
Gritou o feirante:
"Coma mais uva, nabo, brócolis, quiabo...
erva não faz mal!
Excitante, sensual,
seja forte e leve esse envelope frágil
com muito cuidado. Saco de vida, Madalena?"

Ah, esse mundo de Morgado,
de Helena e de Eliseu!
Um dia se jogou no lixo e achou Deus;
depois disso, tenta mudar o meu mundo
com refinada confissão. Calo-me.
Todos aqui, nesse mundo em transe!
Reunidos nessa praça de inconfidentes;
suas mudas palavras, implodiram de silêncio.

O que trazes na mente? Nem fazes as pazes;
nem fede, nem cheira, submersa passagem
e da pressa rotineira, o relógio parou.
Nem reclama, o pobre Eugênio!
Seria um estrume se não fosse poeta,
um gênio tal o pai, filme antigo de continuação.

E a morte perpetua e se aproxima
com enfeites de Natal, penduricalhos
dos abissais pensamentos. É a sina.
Aqui, neste mundo em transe,
todos se encontram um dia:
amordaçados, algemados e de joelhos
sob o excludente olhar do algoz carcereiro.

CINZAS NA PAULISTA
(Flor de cristal)

A cidade hesita, tranquila.
Fim de feriado, recolhe-se do povo,
a Paulista, e se abre a madrugada tribal:
urbana e lenta na tua cortina de fibra
a acumular as cinzas de um Carnaval.
Não há mais escola a desfilar;
minha fantasia é te escrever.

Eu te recrio, Diana! Eu te esperei
nesse poema da noite inteira,
estandarte na breve cena do alvorecer.
Deusa, mulher despida,
tua fina flor solitária, imaginária
na deserta aura de um cigarro
acendendo a lua pálida,
distante céu de fogo que irradia,
tuas mãos de âmbar
a me conduzir pelas ruas...

Obediente teu,
pelas costas esguias do destino;
Teu brilho fino
abraçando-me pela calçada
e pelo olhar deixou-me ali,
perdido às aladas possibilidades
em tuas ruas sem saída.

Vida...
Sempre viva essa cidade.
São Paulo de toda a grandeza: de Santo Paulo,
Marias da Consolação, Josés, Severinos e Raimundos...

brotando das fendas do mundo; gente
de névoa branca, morena, índia, preta, cafuza
luzente marginal, inteira ou pela metade
entre tijolos e carros, luzes, cores, lixo, poluição e vaidade
subindo do solo, do barro ao luxo
andar por andar, andaime por andaime
ao cume da construção... Eu sou sem dono;
não sou dono de nada,
apenas toco as pontas da tua estrela na mão,
na minha noite frustrada de sonhos.

Amo essa cidade cosmopolita, de salto alto
maquiada de giz, poeira e construção;
tomada do pleno êxtase, insana
a feliz coincidência que o destino dita, desdita
e o coração ressoa mil vezes no cristal...
Tu aqui no meu caminho, Diana, cabelo vinho,
riso tinto nessa manhã cinza de Carnaval.

Eu te tenho agora, tão minha
que ninguém sabe
que somos iguais a uma ilha
ocultos nessa doce metropolitana cidade
que a madrugada estendeu o linho
e, se eu pudesse, deitaria a eternidade
desse amor que o *abajur* engana...

Doce paulistana!
A fantasia que o arranha-céu nos abriga:
botão de pedra e de brisa,
Linda mulher Capital.
Não há parede ou viga que nos separe
em tua flor de cristal!

A IMPRECISÃO DE DEUS

Nem sei o que de ti é preciso,
se preciso, tornou-se o mar.
Loucas tempestades avassaladoras
que feriram o céu, o raio exato
que partiu a terra, belas praias desnudas,
invadidas pelas ondas impiedosas
arrastando sonhos, o fulgor dos ninhos,
séquitos filhos desamparados de vida.

Nem sei o que de ti é preciso,
se preciso, tornou-se a flecha, o alvo,
o facão que me decepou o dedo
plantando a cana doce no chão calvo,
ávido de sol que esconde a noite.

Não sei o que de ti é preciso,
se não me velas da tempestade furiosa
e tuas mãos carecem de estrelas.
Breve direção, o meu coração não guia,
este meu corpo esmolado de tempo
da tua imprecisão que se abreviou de luz.

Mas tu bem sabes de mim:
uma gaivota mergulhada no vazio
do convés, no porão, sobre o casco a pique,
te clama, te ressente...
Parte comigo este cais destroçado,
arrimo da terrível natureza, força divinal.

Tudo volta ao pó nas turvas águas.
É nesta escuridão que eu mais te diviso,
tua face de gelo à margem que se alaga...
Não! De ti, nada é preciso, ó Deus!
Só moves o ar, o frio com que me afagas.

ZOROASTRO DA LUZ

Zero hora do dia previsto
– Arcanjo Zoroastro –
o astro rei se tornaria um cisco
dentro de um buraco negro
e em alguns instantes
esvairia em fogo e água,
cáustico ar ácido de destruição.

A rala cortina do quarto
se desfez à claridade
na tensa rajada de vento surgido
que sobressaltou à luz;
triscou minha gengiva aos dentes
no espelho do *abajur*.

Por mais rua que inundasse
o bronze da cidade
nada que me importaria
das ermas espigas, monolitos
criados na estação de poeira e giz
e a chuva afogando
todos meus extenuados minutos...
Breve, eu seria
relativo também na singularidade.

E minhas mãos em garra
não alcançaram fáceis as costas
daquela moça
que da esquina ajeitou o corpo;
olhou e me viu certeira na cicatriz
respingada de vinho;
certificou-se bem ser eu
o único ser terreno que procurava.

Na abstração da luz
quem, pela porta do metrô,
nunca se balançou
à força de um vento reticente?
E foi assim, o meu desejo
antes de mim,
arpejado na lucidez da cidade
daquele raio fulminante.

Não resisti àquele olhar,
voluptuosas lentes verdejantes.
Um ser mutante talvez?
A ninfa de luz alienígena
e tornei-me maior que a própria ilusão.
"Preciso de amor",
disse o vagalume ao girassol.
Na janela, a grande histeria.

E veio dela, a visão silenciosa
de quem me cruzou a alma.
Conjunção carnal de dois universos,
abriu-se globular,
em raro eclipse de grandeza,
um mago artefato
imprevisível do conhecimento,
e disse-me:
"Por que antes de mim
tu recusaras o amor?
Nunca pude lhe dizer ao certo".

E não fosse
a transcendência daquele olhar
que me deixou incrédulo
no momento que se perdurou
além do óbvio.
Nunca sentira antes

a profusão de tais sentimentos
me assentando sobre todas as coisas.
A alma dura que se partiu:
tal uma África em duas;
o *apartheid* de índios brancos e negros
reunidos numa dança harmoniosa.

Há anos-luz pousara ali
a formidável extensão misteriosa
que se bastara
deste imenso glacial degelo,
à cúmplice razão
dos sentidos da suprema vontade.
Ela disse isto, calma,
e me causou profunda reflexão.
E voltou-se ao ar como veio,
à dimensão singular que se move.
Disse-me:

"O universo visível se encontra no vértice
onde nada se sobrepõe – poder e força –,
mas da simples evolução de quem somos,
o ser único e indivisível de Deus".
Mesmo à meia-luz, a vida se completa.
Vi-me frustro de não ter vivido antes
e retido mais esta felicidade
que se passa muitas vezes, em vão,
por estes curtos caminhos...

(mais e mais correria nas ruas)
– toc-toc na porta... trim. – alarme soando –
um aviso pendurado na maçaneta:

"Fujam rápido, fujam. É o Apocalipse!
Apaguem as luzes!"
Olho na greta da janela. Na tevê ligada,

um filme esparrela
da treta entre o sexo de viciados
cujo ator fugiu nu
à penca de tiros na vidraça do carro.

Nenhuma urbe virá buscar hoje
o lixo da trapaça.
Vozes pelas escadas,
e fechou-se a água das torneiras
as vidraças se partindo
e o céu agachado, esvaindo-se
da onda que se abriu
num trilho de rochas flutuantes.

"Tudo gira e passa", disse o crente,
distribuindo santinhos.
É o sinal!
Pregação.
Final de nada, Jesus!
Correria de ônibus lotado,
estardalhaço de carros, pessoas e buzinas,
tal o atropelo deflagrado
Apagada, a luz na Estação da Luz

Dizia o anúncio da esquina:
"Nossa obra nunca termina.
Desculpe-nos o transtorno!"
E, de repente,
o amor me beijou os lábios
e pulou pela janela
como um ágil pássaro
misturado no vazio do horizonte.
Atônito, o grito se cala na multidão.
Vozes do subterrâneo:
"Joguem-se do viaduto, esmurrem o sol
Ressurreição!"
Algo que nossos filhos jamais irão ver...

Outro trovão
que cegou meus olhos
e rasgou o mais aterrador do silêncio.
Fatigada luz
da vela calva de cera, aquele dia alvo,
rastejando fogo na mangabeira;
na lona do circo;

nos fios da casa;
o suntuoso corredor em chamas.
"Saiam! Saiam!
Saiam pelo jardim esculpido de luxúria";
algo tornou-se rubro
e reluzente no céu de fúria de quem previu
Arcanjo Zoroastro
Pausa. Silêncio que ecoou
do estriduloso som dos sapatos encharcados.
Água, água, enchente de gente
por todos os lados...

Na encosta da redenção, anjos
disputando o último jogo de cartas:
quem vencerá
o finado de paus e copas?
As árvores cheias
de gente orando proteção.

Tudo em um segundo,
meu inútil pensamento pairando vivo.
Eu a deveria ter segurado...
Eu deveria ter...
Eu...
ou foi um portal que se abriu
onde aquela tardia ave mergulhou
voltando para sua casa,
se confundindo às nuvens cinzentas?

Disse o oráculo:
"Nada ofuscará a pena.
Que seja feita vossa vontade,
mesmo de quem vos pedir compaixão!"

E de frente a mim, o Zoroastro
que interceptou meus passos
malicioso, sorriu de tanto desatino:
"Pagarão caro
por toda esta esbórnia de vida
e sentirão a dor
que eu não sei mais sentir..."
Tentei esconjurar-lhe:

"E por que ela me deixou aqui?
Nada agora seguiria um plano
ou faria sentido".

Tolos, levantem-se! Todos
se esvaindo nos ralos da cidade
que se enfeitava do crisol,
regozijava da primavera
por detrás de vidro fosco e grades.
Pulem pelas janelas.
Corram
e salve-se quem puder!
inútil alarde
que a montanha já se alinhou
à borda do oceano
Tudo imprevisto, como sempre,
sirenes, ambulâncias, gente,
o insano das pessoas quando no caos
e sob a luz violeta da trepidação,
as cabeças do dilúvio.

Jamais eu soube
o que disse o trovão ao céu

que me viu gélido de medo
depois do último archote harpeado;
nunca fora tarde o instante
e finalmente percebi
estar entregue ao amor, resignado
ao mundo que acabou
na carta escrita às pressas ao calor
daquela sentença:
o amor é a redenção
de quem vive e por quem se morre.

O hotel vazio de almas.
À conta das horas
deixei meu dinheiro sobre o ataúde,
tal aonde iria de bolso vazio
não me fará mais nenhuma falta
daqui para frente.

VAMOS CANTAR, MENINOS!

Vamos cantar, meninos!
A cada hora que se escoa de despedida,
ruge o mar, ressoa o sino
e quando se vê,
cadê a vida, menino, nem se viu passar?

Vamos cantar, meninos!
O céu avisa:
Não chora, não desanima...
A vida é cada verso de um hino,
embora tudo pareça triste;
vamos cantar
um canto alegre, um canto triste,
nada pode nos calar.

Vamos cantar, meninos!
Porque a noite é o dia
que mais tarde um dia termina
e, nessa estrada longa, desmedida
quem sabe, ensina:
na vida, é preciso cantar!

Cante como tu o sabes
até mesmo que a boca se cale
ou, de palavras se atrapalhe
e a mente pergunte o porquê.
Ah! Então, o teu olhar é que fale:
Jamais, jamais se cale,
porque o sorriso tem muito a dizer.

Vamos cantar, meninos!
O cântaro dos pássaros, o passo da lua,

pois chegar é légua a ser vencida
e, por mais distante a rua da vida destoa,
a luz cega da manhã avisa:
teu canto é a emoção que voa;
teu abraço é o coração que abriga.
Então, faça-se por merecer!

Sorria
a doce inspiração de só ser,
cada um não se separa de nós;
a poesia que paira
vai pelo ar e respinga...
Desafia o mundo a ouvir tua voz:
a terra é a medida do infindável criador;
o fruto pendão da espiga,
exíguo pedaço do mesmo nó,
a cada gomo da cana, o céu, o mel,
o amigo, a amiga, o amor!

Então, vamos cantar
a canção que o rouxinol nos ensina:
o dia é vela de lamparina
que a noite teima em apagar,
mas o teu canto é o Sol
e nem à noite termina de brilhar.

DE MENTA E CHOCOLATE II

Um dia
no parque da cidade,
à sorte
de casual afinidade,
além do bem e do mal
nos vimos
e trocamos poesias no olhar.
De mãos dadas
e pagos dos desencontros
desse mundano acaso
fomos em frente
ao largo do epitáfio raso
onde se sepulta o sol.

Ela, saltitante
como uma onda no atol
iluminado de lua
e no meu coração de cicatriz
que escapara do beiral
de um céu mirante de ilusão.

Ela
que também gostava de gatos,
música e teatro,
de Platão a Nietzsche;
da filosofia
que me fez provar
menta
com calda de chocolate,
na mesma sorveteria
que eu já provara
gelato de passas ao rum.

O tempo parado
num quadro de Renoir,
de rara noite escura
celebrava estrelas ruivas;
alvas pintas
bordando a lua.
E, de repente,
era ela todo o universo.

Eu poderia ter passado
mil vezes por aquele lugar
e não a ter notado;
havia uma ponte, havia uma ponte
logo abaixo do céu.

Não a esperava.
Ao olhar de alguns segredos,
minha alma escrava do cotidiano
mal chegava à janela
por mais belo fosse o fundo pano
que a imensa noite ocultava.
Não, não a esperava
o coração mendigado de luz
do minuto fatal de trevas
e estávamos ali
talvez eras, pausados num sonho.

Mas, tal sorridente ao véu,
dei-me a acreditar
como de repente se move a pedra;
da descrença e do maldizer;
da concupiscência do mundo inteiro
ao presente ser
que salta vivo das mãos.

Iluminada a face num *outdoor*
e por todas as avenidas;
um painel de frente
com o escrito no olhar embaçado:
o amor, de tão belo,
pelo universo não há de morrer
e, ao fim que lhe cabe,
haverá sempre de ser ressuscitado!

CREPÚSCULO

Um dia tarde e nada mais havia;
fogo e água se abraçaram
e assim por tanto tempo
desalinhados de céu e precipício,
apropriados de nuvens
cúmplices, foram um do outro
em bodas de ouro,
pelo encanto ou dessemelhança.

O vermelho abraçou o azul
em camada crepuscular;
foram tantos anos, tantas tardes
de encontros apaixonados
a cavalgar nos escuros montes
sob o ar translúcido de raios.
E a estrela escreve aos céus e à lua
que a noite chegue em silêncio.

AO SABOR DA VIDA

A fruta vistosa que se ofereceu
sobre a mesa não era pera,
mas era bojuda com seios de manga;
desnuda, firme e madura no pé,
exala ao tempo certo
do teu perfume irredutível
que da terra, de sol e chuva, se colheu.

A cada mordida, foi o meu mel
ao sabor de fruta madura;
dessas coisas vividas, intensas
e verdadeiras
que um dia se relembra de gostar.

Bem sei que te quero
em todas as horas que desperto,
e a cada momento que se renova
é o que se há de provar.

O meu sabor da manhã.
Um gosto guardado para um dia assim,
de final de ato,
ainda que se comemore a despedida.

Tu ainda estás naquele retrato
e, de todos tenho saudades.
Da cantoria badernosa das biroscas
que se espraiava pelas ruas
em ondas entorpecentes de brisa
de um som emprestado...

Sei, ainda há tempo desse prazer
de me estender com o sol

e de ser único sem ti
e de me alongar desacelerado
na sombra maior que sou.

Vive-se de um instante, o prazer
nas cores únicas
que se pinta uma estátua;
vive-se sem saber,
e se adere e se desfaz ao vento.

Entre outros prazeres esquecidos,
eis o de ouvir a tua música
quando a vida se apressou do silêncio;
de se tapar os ouvidos,
já exausta de incompreensão.

E ao teu sabor, eu canto e cantarei.
Cantarei mesmo que solitário
em minhas veias, em meus olhos,
ao ar de chumbo do velório
desse tempo que não será sepultado
com o meu amor amigo.

De encanto, então,
cantarei a todo pulmão,
aos mortos, aos vivos, aos imortais
assobios do corrupião
que versava cânticos sedutores
sobre a terra que me deu teu fruto;

E ao sabor da vida
cantarei também, no teu luto;
tal esta fruta madura
que em minha boca te delicia;
mordo a semente macia
que ainda teima em te recomeçar.

NOTAS SOBRE O AUTOR

Daniel Genovez é escritor, poeta, músico e médico, com especialização e residência médica em pediatria.

Nascido em Itaperuna, interior do Estado do Rio de Janeiro, mudou-se aos 17 anos para a capital, onde completou sua grade estudantil. Paralelamente a isso, aprofundou-se nos estudos de Sociologia, Filosofia, Música e Literatura. A premiação no VIII Concurso Internacional de Poesia de São Paulo, em 2008, serviu-lhe de motivação para sua carreira literária.

Participou como autor de diversos eventos literários, antologias, Bienal Internacional do Livro de São Paulo de 2022, destacando-se em participações em concursos nacionais, como o Prêmio Literário Cidade de Manaus, Prêmio Cidade de Belo Horizonte e Prêmio Barueri de Literatura, nos anos de 2018 a 2021.

Publicou oito livros de poesia:

Segredos de caracol (2017), *Outros cantos: poesias* (2018), *A cor da tarde* (2018), *Último cotidiano* (2019), *Eu... e outras poesias* (2020), *Entre luzes e pedras* (2020), *Voo ileso* (2022) e, por último, *A ilusão do mundo* (2023). Ele está concorrendo aos Prêmios Literários Oceanos e Jabuti de 2023.